Impressum
Verlag: BABADADA GmbH, Nedderfeld 112 , 22529 Hamburg
Geschäftsführer / Verlagsleitung: Harald Hof
Druck: Books on Demand GmbH, In de Tarpen 42, 22848 Norderstedt

Imprint
Publisher: BABADADA GmbH, Nedderfeld 112 , 22529 Hamburg, Germany
Managing Director / Publishing direction: Harald Hof
Print: Books on Demand GmbH, In de Tarpen 42, 22848 Norderstedt, Germany

مدرسه

škola

کلاس درس
učionica
تقسیم کردن
dijeliti
186/2
تخته
ploča
školsko dvorište
معلم
učitelj
کاغذ
papir
نوشتن
pisati
خودکار
kemijska olovka
میز تحریر
pisaći stol
خط کش
ravnalo
کتاب
knjiga
دانش آموز
učenik

کیف مدرسه

torba

جامدادی

pernica

مداد

grafitna olovka

تراش

šiljilo za olovke

پاک کن

gumica za brisanje

دفتر رسم

blok za crtanje

طراحی

crtež

قلم مو

kist

جعبه ی آبرنگ

kutija s bojama

قیچی

makaze

چسب

ljepilo

کتاب تمرین

bilježnica

تکلیف خانه

domaći zadatak

رقم

broj

2+2

جمع کردن

sabirati

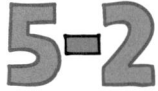

تفریق کردن

oduzimati

2×2

ضرب کردن

množiti

محاسبه کردن

računati

A

حرف الفبا

slovo

ABCDEFG
HIJKLMN
OPQRSTU
VWXYZ

الفبا

abeceda

hello

کلمه

riječ

متن

tekst

خواندن

čitati

گچ

kreda

درس

sat

ثبت نام

dnevnik

امتحان

ispit

مدرک رسمی

svjedodžba

لباس مدرسه

školska uniforma

تحصیلات

obrazovanje

دانشنامه

leksikon

دانشگاه

sveučilište

میکروسکوپ

mikroskop

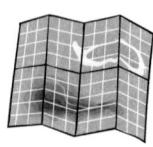

نقشه

karta

سبد کاغذ باطله

košara za papir

سفر

putovanje

هتل
hotel
مسافرخانه
prenoćište
صرافی
mjenjačnica
چمدان
kofer
اتومبیل
auto

زبان

jezik

بله / خیر

da / ne

أکی

okay

سلام

zdravo

مترجم

prevoditelj

ممنون

hvala

قیمت ... چه قدر است؟

Koliko košta...?

من متوجه نمی شوم

ne razumijem

مشکل

problem

عصر بخیر! / شب بخیر!

dobro veče!

صبح بخیر!

Dobro jutro!

شب بخیر!

Laku noć!

خدانگهدار

doviđenja

جهت

smjer

بار سفر

prtljaga

کیف

torba

کوله پشتی

ruksak

مهمان

gost

اتاق

soba

کیسه خواب

vreća za spavanje

خیمه

šator

مرکز راهنمای گردشگران

turističke informacije

ساحل

plaža

کارت اعتباری

kreditna kartica

صبحانه

doručak

نهار

ručak

شام

večera

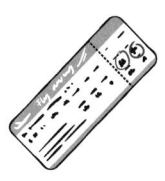

بلیط

karta za vožnju

آسانسور

dizalo

مهر

poštanska markica

مرز

granica

گمرک

carina

سفارتخانه

ambasada

ویزا

viza

گذرنامه

putovnica

حمل و نقل

transport

هواپیما
zrakoplov
کشتی
brod
ماشین آتش نشانی
vatrogasno vozilo
اتوبوس
autobus
کامیون
teretno vozilo
قایق موتوری
motorni čamac
دوچرخه
biciklo
اتومبیل
auto

کشتی مسافربری

trajekt

قایق

čamac

موتورسیکلت

motocikl

ماشین پلیس

policijski auto

ماشین مسابقه

trkaći auto

ماشین کرایه ای

iznajmljeno auto

به اشتراک گذاری اتوموبیل

dijeljenje automobila

جرثقیل

vučno vozilo

ماشین حمل زباله

vozilo za odvoz smeća

موتور

motor

بنزین

benzin

پمپ بنزین

benzinska postaja

تابلو راهنمایی و رانندگی

prometni znak

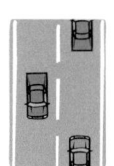

عبور و مرور

promet

ترافیک

zastoj

پارکینگ

parkiralište

ایستگاه قطار

kolodvor

ریل راه آهن

šine

قطار

vlak

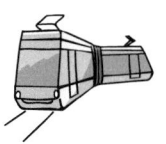

قطار برقی

tramvaj

واگن

vagon

هلیکوپتر

helikopter

فرودگاه

zrakoplovna luka

برج

toranj

مسافر

putnik

کانتینر

kontejner

کارتن

karton

گاری

kolica

سبد

košara

به پرواز درآمدن / فرود آمدن

uzletjeti / sletjeti

شهر

grad

دهکده

selo

مرکز شهر

centar grada

خانه

kuća

سینما
kino

تبلیغ
reklama

چراغ خیابان
ulična svjetiljka

خیابان
ulica

تاکسی
taksi

دکه
kiosk

عابر پیاده
pješak

پیاده رو
nogostup

خط کشی عابر پیاده
pješački prijelaz

چهارراه
križanje

سطل آشغال بزرگ
kontejner za otpad

چراغ راهنما
semafor

كلبه
koliba

آپارتمان
stan

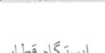

ایستگاه قطار
kolodvor

ساختمان شهرداری
vijećnica

موزه
muzej

مدرسه
škola

دانشگاه

sveučilište

بانک

banka

بیمارستان

bolnica

هتل

hotel

داروخانه

ljekarna

اداره

ured

کتابفروشی

knjižara

مغازه

prodavaonica

گل فروشی

cvjećara

سوپرمارکت

supermarket

بازار

trg

فروشگاه بزرگ

robna kuća

ماهی فروش

ribarnica

مرکز خرید

trgovački centar

بندر

luka

پارک

park

نیمکت

klupa

پل

most

پله

stepenice

مترو

podzemna željeznica

تونل

tunel

ایستگاه اتوبوس

autobusna stanica

میخانه

bar

رستوران

restoran

صندوق پست

poštansko sanduče

تابلوی خیابان

ulični znak

دستگاه پارکومتر

parkirni sat

باغ وحش

zoološki vrt

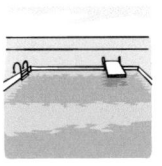

استخر شنای عمومی

bazen

مسجد

džamija

مزرعه

seosko gazdinstvo

آلودگی محیط زیست

zagađenje okoliša

قبرستان

groblje

کلیسا

crkva

زمین بازی

igralište

معبد

hram

چشم انداز

krajolik

برگ
list

تابلوی راهنمای مسیر
putokaz

راه
put

چمنزار
livada

راه نورد
šetač

سنگ
kamen

درخت
drvo

رودخانه
rijeka

چمن
trava

گل
cvijet

دره

dolina

تپه

planina

دریاچه

jezero

جنگل

šuma

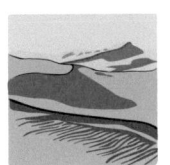

بیابان

pustinja

کوه آتشفشان

vulkan

قلعه

dvorac

رنگین کمان

duga

قارچ

gljiva

درخت نخل

palma

پشه

moskito

مگس

muha

مورچه

mrav

زنبور

pčela

عنکبوت

pauk

سوسک

buba

قورباغه

žaba

سنجاب

vjeverica

جوجه تیغی

jež

خرگوش صحرایی

zec

جغد

sova

پرنده

ptica

قو

labud

گراز

divlja svinja

گوزن نر

jelen

گوزن شمالی

los

سد آب

nasip

توربین بادی

vjetrenjača

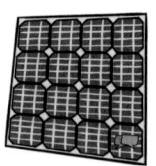

صفحه ی خورشیدی

solarna ploča

آب و هوا

klima

رستوران
restoran

پیشخدمت رستوران
konobar

منوی غذا
jelovnik

صندلی
stolica

سوپ
supa

پیتزا
pica

سرویس کارد و قاشق و چنگال
pribor za jelo

رومیزی
stolnjak

پیش‌غذا

predjelo

غذای اصلی

glavno jelo

دسر

desert

نوشیدنی ها

napitci

غذا

jelo

بطری

boca

رستوران - restoran

17

فست فود

fastfood

اغذیه خیابانی

imbis hrana

قوری

čajnik

قندان

doza za šećer

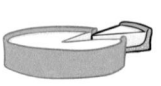

پُرس غذا

porcija

دستگاه اسپرسو

aparat za espresso

صندلی پایه بلند غذاخوری بچه

visoka stolica

صورتحساب

račun

سینی

pladanj

چاقو

nož

چنگال

vilica

قاشق

žlica

قاشق چایخوری

čajna žlica

دستمال سفره

ubrus

ليوان

čaša

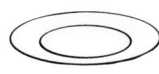

بشقاب

tanjur

بشقاب سوپخوری

tanjur za supu

نعلبکی

tanjurić

سس

sos

نمکدان

soljenka

فلفل ساب

mlin za biber

سرکه

ocat

روغن خوراکی

ulje

ادویه جات

začini

سس کچاپ

kečap

سس خردل

senf

سس مایونز

majoneza

سوپرمارکت
supermarket

پیشنهاد ویژه
ponuda
مشتری
kupac
لبنیات
mliječni proizvodi
میوه جات
voće
چرخ دستی خرید
kolica za kupnju

قصابی

mesnica

نانوایی

pekarnica

وزن کردن

vagati

سبزیجات

povrće

گوشت

meso

غذای منجمد

duboko smrznuta hrana

مخلوطی از انواع کالباس یا پنیر ک
ورقه ای بریده شده باشند

narezak

غذای کنسروی

konzerve

پودر لباسشویی

sredstvo za pranje

شیرینی جات

slatkiši

لوازم خانگی

artikli za domaćinstvo

ماده شوینده و پاک کننده

sredstva za čišćenje

فروشنده

prodavačica

صندوق پرداخت

blagajna

صندوقدار

blagajnik

لیست خرید

lista za kupnju

ساعات کار

vrijeme rada

کیف پول

novčanik

کارت اعتباری

kreditna kartica

کیف

torba

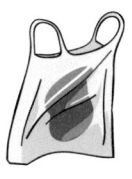

کیسه ی پلاستیکی

plastična vrećica

نوشیدنی ها
napitci

آب

voda

آبمیوه

sok

شیر

mlijeko

نوشابه کوکاکولا

cola

شراب

vino

آبجو

pivo

الکل

alkohol

کاکائو

kakao

چای

čaj

قهوه

kava

قهوه اسپرسو

espresso

کاپوچینو

cappuccino

غذا
jelo

موز

banana

سیب

jabuka

پرتقال

naranča

انواع هندوانه و خربزه

lubenica

لیمو

limun

هویج

mrkva

سیر

češnjak

نی بامبو

bambus

پیاز

luk

قارچ

gljiva

آجیل

orašasti plodovi

ماکارونی

rezanci

اسپاگتی

špagete

برنج

riža

سالاد

salata

سیب زمینی سرخ کرده

pomfrit

سیب زمینی سرخ شده

pečeni krumpir

پیتزا

pica

همبرگر

hamburger

ساندویچ

sendvič

شنیتسل

šnicla

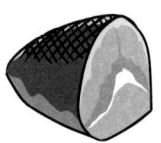

ژامبون خوک

pršut

سالامی

salama

سوسیس

kobasica

مرغ

kokoš

نوعی گوشت سرخ شده

pečenje

ماهی

riba

جوی پرک شده

zobene pahuljice

نوعی صبحانه مخلوطی از برگه ذرت و
میوه های خشک شده و خشکبار که
معمولا با شیر خورده می شود

musli

کورنفلکس

kukuruzne pahuljice

آرد

brašno

کرواسان

roščić

نان بروتشن

pecivo

نان

kruh

نان تست

toast

بیسکویت

keksi

کَره

maslac

کشک

svježi sir

کیک

kolač

تخم مرغ

jaje

تخم مرغ نیمرو

jaje na oko

پنیر

sir

بستنى

sladoled

شکر

šećer

عسل

med

مربا

marmelada

کرم شکلاتى بادامى

nugat krema

ادویه کارى

curry

مزرعه

seosko gazdinstvo

خانه ی مزرعه داران
seoska kuća
انبار غله
sjenik
خرمن کاه
bale sijena
مزرعه
polje
اسب
konj
ماشین یدک کش
prikolica
تراکتور
traktor
کره اسب
ždrijebe
خر
magarac
گوسفند
ovca
بره
lane

بز

koza

گاو ماده

krava

گوساله

tele

خوک

svinja

بچه خوک

prase

گاو نر

bik

غاز

guska

اردک

patka

جوجه

pilići

مرغ

kokoš

خروس

pijetao

موش صحرایی

pacov

گربه

mačka

موش

miš

گاو نر اخته

vol

سگ

pas

لانه ی سگ

kućica za psa

شلنگ باغبانی

vrtno crijevo

آبپاش

kanta za polijevanje

داس دسته بلند

kosa

گاوآهن

plug

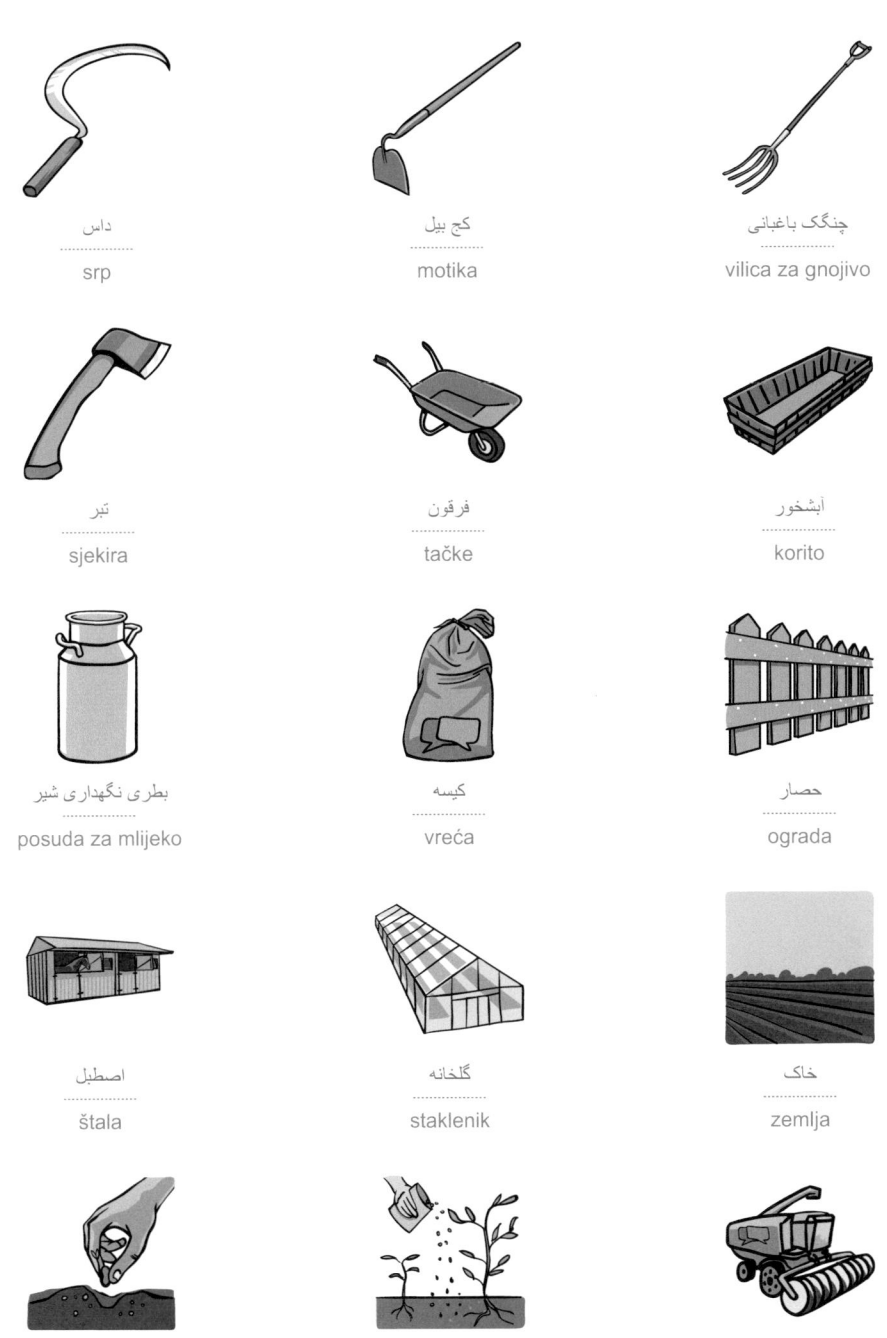

داس

srp

کج بیل

motika

چنگک باغبانی

vilica za gnojivo

تبر

sjekira

فرقون

tačke

آبشخور

korito

بطری نگهداری شیر

posuda za mlijeko

کیسه

vreća

حصار

ograda

اصطبل

štala

گلخانه

staklenik

خاک

zemlja

بذر

sjeme

کود

gnojivo

ماشین کمباین

kombajn

برداشت کردن محصول

žanjati

محصول

žetva

تمیس

yams začin

گندم

pšenica

سویا

soja

سیب زمینی

krumpir

ذرت

kukuruz

کلزا

uljana repica

درخت میوه

voćka

گیاه مانیوک

gomolj manioke

غلات

žitarice

خانه

kuća

دودکش
dimnjak
پشت بام
krov
ناودان
žlijeb
پنجره
prozor
گاراژ
garaža
زنگ در
zvono
در
vrata
سطل آشغال
korpa za otpad
صندوق مراسلات
poštansko sanduče
باغ
vrt

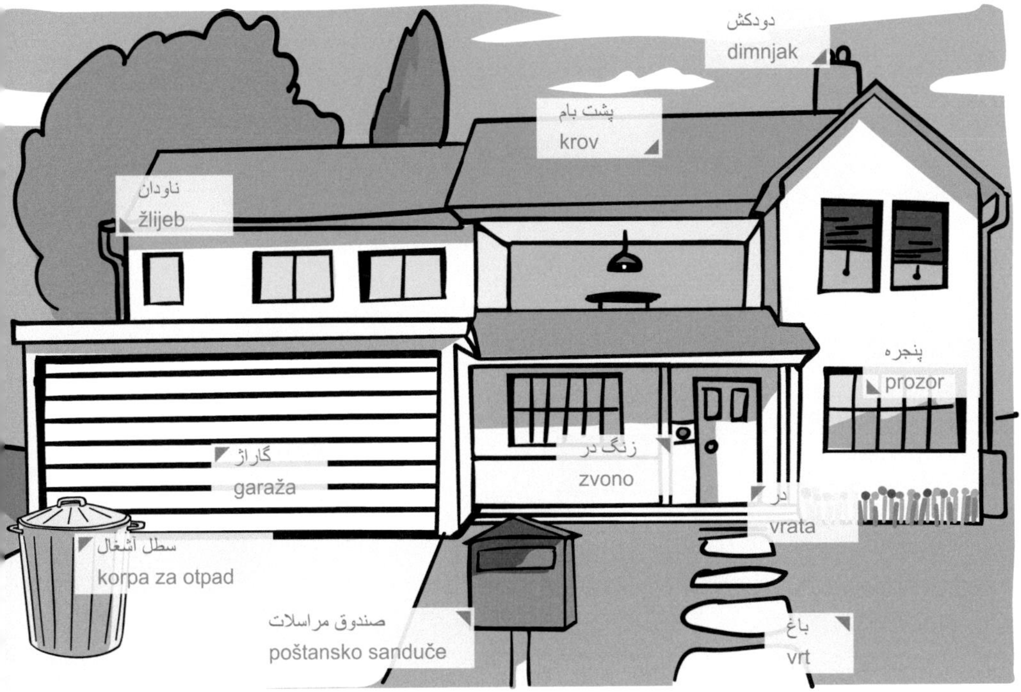

اتاق نشیمن

dnevna soba

حمام

kupaonica

آشپزخانه

kuhinja

اتاق خواب

spavaća soba

اتاق بچه

dječija soba

ناهارخوری

trpezarija

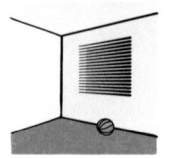

كف زمين

pod

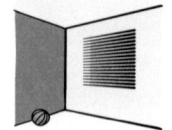

ديوار

zid

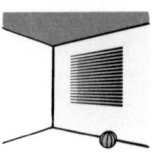

سقف

strop

زيرزمين

podrum

سونا

sauna

بالكن

balkon

تراس

terasa

استخر

bazen

ماشين چمن‌زنى

kosilica za travu

ملافه

posteljina za krevet

روتختى

deka za krevet

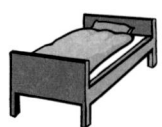

تخت خواب

krevet

جارو

metla

سطل

kanta

سويچ يا كليد

sklopka

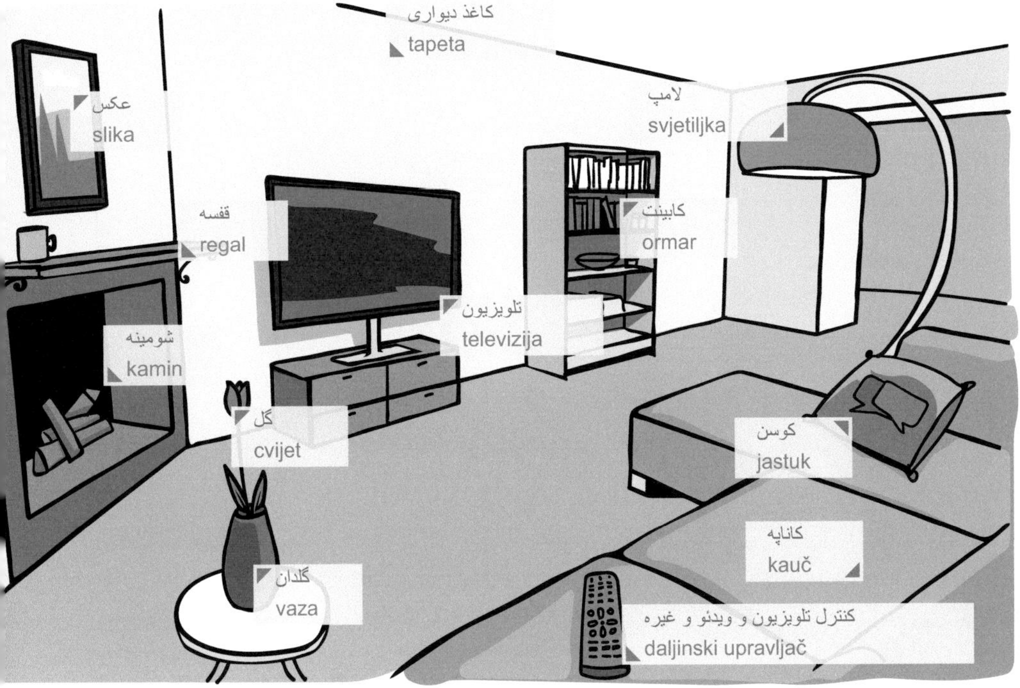

کاغذ دیواری
tapeta

عکس
slika

لامپ
svjetiljka

قفسه
regal

کابینت
ormar

شومینه
kamin

تلویزیون
televizija

گل
cvijet

کوسن
jastuk

کاناپه
kauč

گلدان
vaza

کنترل تلویزیون و ویدئو و غیره
daljinski upravljač

فرش
tepih

پرده
zavjesa

میز
stol

صندلی
stolica

صندلی گهواره ایی
stolica za njihanje

صندلی راحتی
fotelja

كتاب

knjiga

لحاف

deka

دكوراسيون

dekoracija

هيزم

drvo za ogrjev

فيلم

film

دستگاه ضبط صوت

stereo uređaj

كليد

ključ

روزنامه

novine

تابلو نقاشى

slika na platnu

پوستر

poster

راديو

radio

دفترچه يادداشت

blok za pisanje

جاروبرقى

usisavač

كاكتوس

kaktus

شمع

svijeća

آشپزخانه
kuhinja

یخچال
hladnjak
ماکروویو
mikrovalna pećnica
kuhinjska vaga
تُستر
toaster
ماده شوینده و پاک کننده
sredstvo za čišćenje
فر خوراک پزی
pećnica
جایخی
pretinac za zamrzavanje
سطل آشغال
korpa za otpad
ماشین ظرفشویی
perilica za suđe

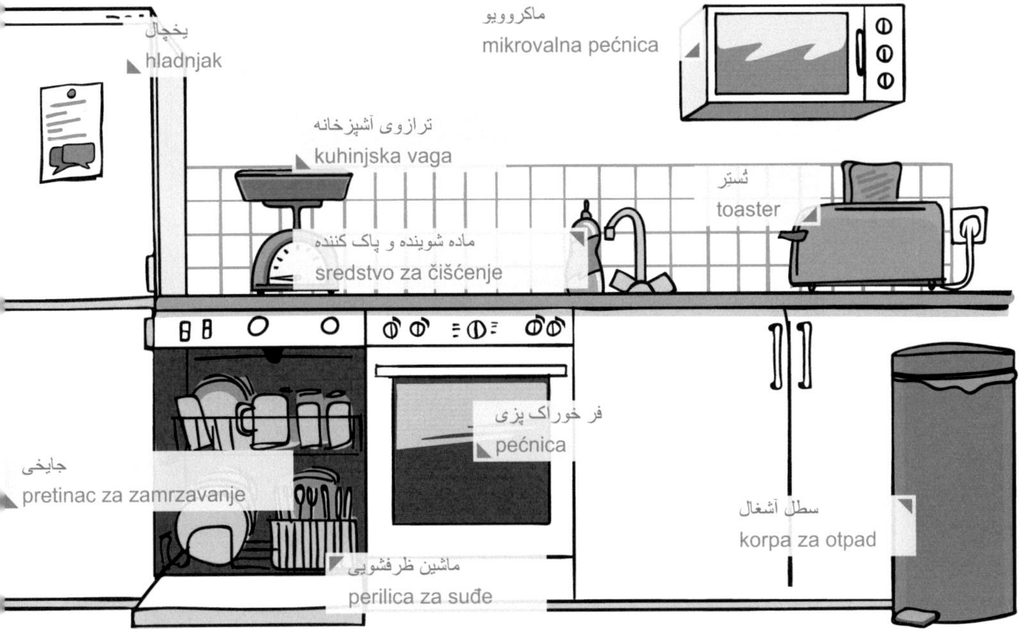

اجاق گاز

štednjak

قابلمه

lonac

قابلمه چدنی

željezni lonac

ماهی تابه گود

wok / kadai

ماهی تابه

tava

کتری

kuhalo za vodu

بخارپز

kuhalo na paru

سینی فر

lim za pečenje

ظرف چینی آشپزخانه

posuđe

لیوان

čaša

کاسه

zdjela

چاپستیک

štapići za jelo

ملاقه

kutljača

کفگیر

lopatica

همزن

pjenjača

آبکش

sito za kuhanje

آبکش

sito

رنده

ribež

هاون

mužar

باربیکیو

roštilj

محل مخصوص افروختن آتش

ognjište

تخته گوشت و سبزی

daska

وردنه

oklagija

در بطری بازکن

vadičep

قوطی

konzerva

در قوطی بازکن

otvarač konzervi

دستگیره پارچه ای

krpa za lonac

سینک ظرفشویی

sudoper

برس گردگیری

četka

اسفنج

spužva

مخلوط کن

mikser

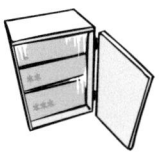

فریزر

zamrzivač

شیشه شیر بچه

bočica za bebe

شیر آب

slavina za vodu

حمام

kupaonica

بخاری
grijanje
حوله
ručnik
دوش
tuš
پرده ی حمام
zavjesa za tuš
حمام کف
pjenušava kupka
وان حمام
kada
لیوان
čaša
ماشین لباسشویی
perilica za rublje
شیر آب
slavina za vodu
کاشی
pločice
لگن دستشویی کودکان
dječja kahlica
سینک ظرفشویی
sudoper

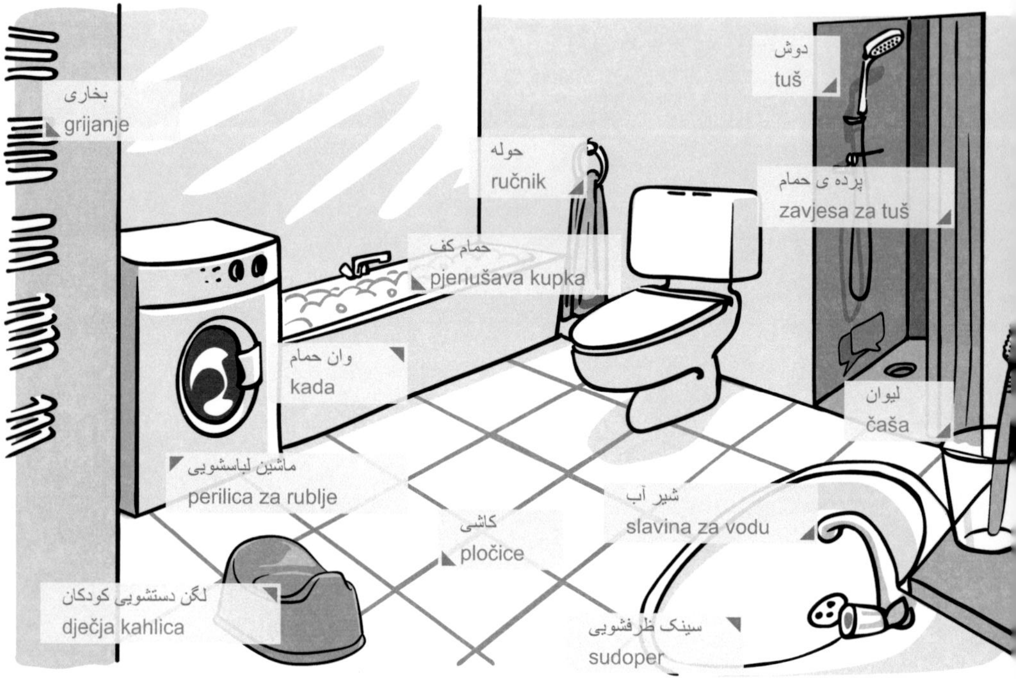

توالت

toalet

توالت ایرانی

čučavac

کاسه توالت

bidet

توالت مخصوص آقایان

pisoar

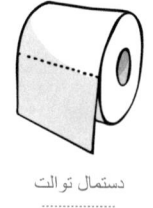

دستمال توالت

papir za toalet

فرچه توالت

četka za toalet

مسواک

....

četkica za zube

خمیردندان

....

pasta za zube

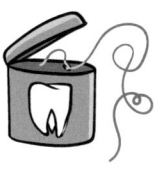

نخ دندان

....

konac za zube

شستن

....

prati

دوش آب تلفنی

....

tuš ručica

شلنگ توالت

....

tuš za pranje intimnih dijelova

لگن روشویی

....

lavor

برس شست و شوی پشت

....

četka za pranje leđa

صابون

....

sapun

شامپو بدن

....

gel za tuširanje

شامپو

....

šampon

لیف حمام

....

krpa za pranje

راه آب

....

odvod

کرم

....

krema

اسپری دئودورانت

....

dezodorans

آيينه

ogledalo

آيينه ى كوچک دستى

kozmetičko ogledalo

تيغ ريش تراشى

brijač

كف ريش تراشى

pjena za brijanje

آفترشيو

losion za poslije brijanja

شانه ى سر

češalj

برس

četka

سشوار

sušilo za kosu

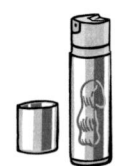

اسپرى مو

sprej za kosu

آرايش

makeup

رژلب

ruž za usne

لاک ناخن

lak za nokte

پنبه

vata

قيچى ناخن

škare za nokte

عطر

parfem

کیف لوازم آرایشی و بهداشتی

neseser

چهارپایه

stolica

ترازو

vaga

حوله ی پالتویی

ogrtač

دستکش ظرفشویی

rukavice za čišćenje

تامپون

tampon

نوار بهداشتی

uložak

توالت سیار

kemijski toalet

اتاق بچه
dječija soba

ساعت زنگدار
budilnik
نوعی عروسک نرم به شکل حیوانات
plišana igračka
ماشین اسباب بازی
auto igračka
جغجغه
zvečka
خانه ی عروسکی
kućica za lutke
کادو
poklon

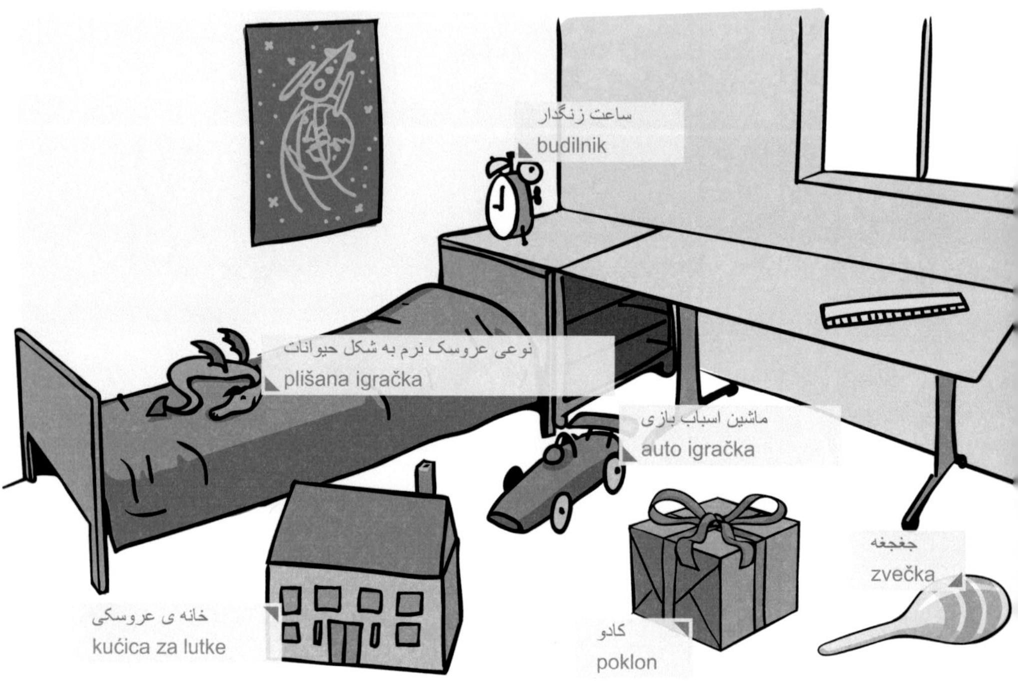

بادکنک

balon

تخت خواب

krevet

کالسکه بچه

dječija kolica

بازی ورق

igra s kartama

پازل

slagalica

داستان مصور

strip

اسباب بازی لگو

lego kockice

خانه سازی

kockice za slaganje

عروسک شخصیت های فیلم و کارتون

akcioni junak

لباس نوزاد

kombinezon za bebe

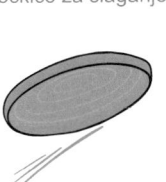

فریزبی

frizbi

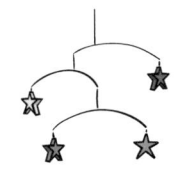

نوعی اسباب بازی که روی تخت نوزاد
یا کودک نصب می شود

viseće igračke

بازی روی صفحه

društvene igre

تاس

kocka

قطار اسباب بازی

minijaturna željeznica

پستانک

duda

مهمانی

tulum

کتاب مصور

slikovnica

توپ

lopta

عروسک

lutka

بازی کردن

igrati

جعبه شنی مخصوص بازی کودکان

pješčanik

تاب

ljuljačka

اسباب بازی

igračka

کنسول بازی های کامپیوتری

konzola za igre

سه چرخه

tricikl

خرس عروسکی

plišani medo

کمد لباس

ormar

لباس

odjeća

جوراب

kratke čarape

جوراب زنانه ساق بلند

čarape

جوراب شلواری

hulahopke

شال
šal

چتر
kišobran

تی شرت
t-shirt

کمربند
kaiš

پوتین
čizme

دمپایی
papuče

کفش ورزشی کتانی
patike

صندل

sandale

کفش

cipele

چکمه پلاستیکی

gumene čizme

شرت

gaćice

سوتین

grudnjak

جلیقه

potkošulja

بادی

bodi

شلوار

hlače

جین

džins

دامن

haljina

بلوز

bluza

پیراهن

košulja

پولیور

džemper

سویی شرت

pulover s kapuljačom

نوعی کت

blejzer

ژاکت

jakna

کت بلند

kaput

بارانی

kabanica

لباس نمایش

kostim

لباس

haljina

لباس عروس

vjenčanica

کت و شلوار

odijelo

لباس خواب زنانه

spavaćica

پیژامه

pidžama

ساری

sari

روسری

rubac

عمامه

turban

برقع

burka

قبا

kaftan

عبا

abaja

لباس شنا

kupaći kostim

شرت شنا

kupaće gaćice

شلوارک

kratke hlače

لباس ورزشی

odjeća za trening

پیشبند

pregača

دستکش

rukavice

دکمه

gumb

عینک

naočale

دستبند

narukvica

گردنبند

ogrlica

انگشتر

prsten

گوشواره

naušnica

کلاه لبه دار

kapa

چوب لباسی

vješalica

کلاه

šešir

کراوات

kravata

زیپ

patent zatvarač

کلاه ایمنی

kaciga

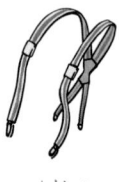

بند شلوار

naramenice

لباس مدرسه

školska uniforma

لباس فرم

uniforma

پیش بند بچه

podbradak

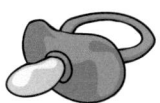

پستانک

duda

پوشک بچه

pelena

اداره

ured

سرور
server
کمد نگهداری پرونده
ormar za spise
چاپگر
pisač
کاغذ
papir
مانیتور
monitor
ماوس
miš
میز تحریر
pisaći stol
زونکن
mapa
صفحه کلید
tipkovnica
سبد کاغذ باطله
košara za papir
کامپیوتر
računar
صندلی
stolica

لیوان قهوه

šalica za kavu

ماشین حساب

kalkulator

اینترنت

internet

لپ تاپ

laptop

نامه

pismo

پیغام

poruka

تلفن همراه

mobilni telefon

شبکه ی ارتباطی

mreža

دستگاه فتوکپی

uređaj za kopiranje

نرم افزار

softver

تلفن

telefon

پریز

utičnica

دستگاه فاکس

faks

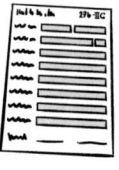

فرم

obrazac

مدرک

dokument

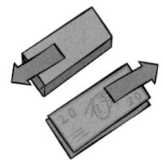

خریدن

kupovati

پرداخت کردن

platiti

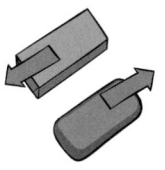

تجارت کردن

trgovati

پول

novac

دلار

dolar

یورو

euro

ین

jen

روبل

rubalj

فرانک سوئیس

švicarski franak

یوان رنمینبی

renmindbi yuan

روپیه

rupija

دستگاه خودپرداز

automat za novac

صرافی

mjenjačnica

طلا

zlato

نقره

srebro

نفت

nafta

انرژی

energija

قیمت

cijena

قرارداد

ugovor

مالیات

porez

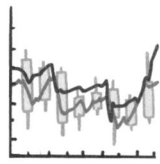

سهام سرمایه

dionica

کار کردن

raditi

کارمند

službenik

کارفرما

poslodavac

کارخانه

tvornica

مغازه

prodavaonica

مشاغل

zanimanja

مامور پلیس
policajac
آتش نشان
vatrogasac
آشپز
kuhar
دکتر
liječnik
خلبان
pilot

باغبان

vrtlar

نجار

stolar

خیاط زنانه

krojačica

قاضی

sudija

شیمیدان

kemičar

بازیگر

glumac

راننده اتوبوس

vozač autobusa

راننده تاکسی

vozač taksija

ماهیگیر

ribar

نظافتچی زن

čistačica

سقف ساز

krovopokrivač

پیشخدمت رستوران

konobar

شکارچی

lovac

نقاش

slikar

نانوا

pekar

برقکار

električar

کارگر ساختمانی

građevinski radnik

مهندس

inženjer

قصاب

mesar

لوله کش

limar

پستچی

poštar

سرباز

vojnik

معمار

arhitekta

صندوقدار

blagajnik

گل فروش

cvjećar

آرایشگر

frizer

مامور کنترل بلیط در قطار

kondukter

مکانیک

mehaničar

ناخدا

kapetan

دندانپزشک

zubar

دانشمند

znanstvenik

عالم یهودی

rabi

امام

imam

راهب

monah

کشیش

svećenik

ابزارآلات
alati

چکش
čekić
انبردست
kliješta
پیچ گوشتی
odvijač
آچار
ključ za vijke
چراغ قوه
džepna svjetiljk

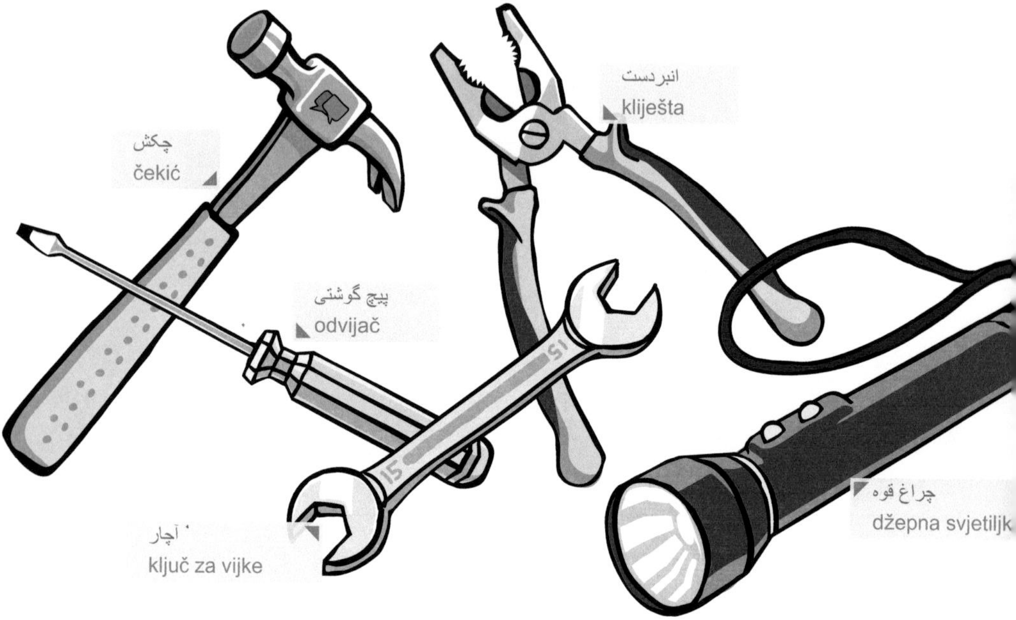

بیل مکانیکی

rovokopač

جعبه ابزار

kutija za alat

نردبان

ljestve

ارّه

pila

میخ

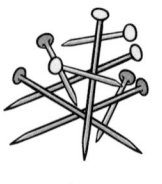

ekser

مته

bušilica

تعمیر کردن

popraviti

بیل

lopata

لعنتی!

Sranje!

خاک انداز

lopatica

سطل رنگرزی

lonac za boju

پیچ

vijci

آلات موسیقی

glazbeni instrument

بلندگو
zvučnik

درامز
bubnjevi ◢

گیتار
gitara ◢

کنترباس
kontrabas

ترومپت
truba

پیانو

klavir

ویولن

violina

گیتار بیس

bas

تیمپانی

timpani

طبل

udaraljke za bubnjeve

کیبورد الکتریک

keyboard

ساکسیفون

saksofon

فلوت

flauta

میکروفون

mikrofon

باغ وحش
zoološki vrt

ببر
tigar
ورودی
ulaz
قفس
kavez
گورخر
zebra
خوراک حیوانات
hrana za životinje
خرس پاندا
panda

حیوانات
životinje

فیل
slon

کانگورو
kengur

کرگدن
nosorog

گوریل
gorila

خرس
medvjed

شتر

kamila

شترمرغ

noj

شیر

lav

میمون

majmun

فلامینگو

flamingo

طوطی

papagaj

خرس قطبی

polarni medvjed

پنگوئن

pingvin

کوسه

ajkula

طاووس

paun

مار

zmija

تمساح

krokodil

نگهبان باغ وحش

čuvar u zoološkom vrtu

خوک آبی

tuljan

پلنگ امریکایی

jaguar

اسب کوچک

poni

پلنگ

leopard

اسب آبی

nilski konj

زرافه

žirafa

عقاب

orao

گراز

divlja svinja

ماهی

riba

لاک پشت

kornjača

شیرماهی

morž

روباه

lisica

غزال

gazela

ورزش ها
šport

فوتبال آمریکایی
američki nogomet
دوچرخه سواری
biciklizam
تنیس
tenis
بسکتبال
košarka
شنا
plivanje
بوکس
boks
هاکی روی یخ
hockey na ledu

فوتبال
nogomet

بدمینتون
badminton

دوومیدانی
atletika

هندبال
rukomet

اسکی
skijanje

پولو
polo

فعالیت ها

aktivnosti

خندیدن
smijati se
پریدن
skočiti
بغل کردن
zagrliti
راه رفتن
ići
آواز خواندن
pjevati
رؤیا دیدن
sanjati
دعا کردن
moliti se
بوسیدن
poljubiti

نوشتن

pisati

رسم کردن

crtati

نشان دادن

pokazati

هل دادن

gurati

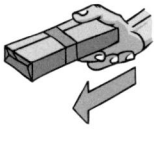

دادن

dati

برداشتن

uzeti

داشتن

imati

انجام دادن

činiti

بودن

biti

ایستادن

stojati

دویدن

trčati

کشیدن

povlačiti

پرتاب کردن

baciti

افتادن

padati

دراز کشیدن

ležati

منتظر بودن

čekati

حمل کردن

nositi

نشستن

sjediti

لباس پوشیدن

oblačiti

خوابیدن

spavati

بیدار شدن

probuditi se

تماشا کردن

gledati

گریه کردن

plakati

نوازش کردن

milovati

شانه کردن

češljati

حرف زدن

govoriti

فهمیدن

razumjeti

پرسیدن

pitati

شنیدن

slušati

آشامیدن

piti

خوردن

jesti

مرتب کردن

pospremiti

عاشق بودن

voljeti

پختن

kuhati

رانندگی کردن

voziti

پرواز کردن

letjeti

قایقرانی کردن

ploviti

محاسبه کردن

računati

خواندن

čitati

یاد گرفتن

učiti

کار کردن

raditi

ازدواج کردن

vjenčati se

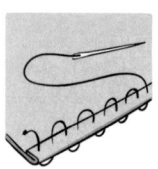

دوختن

šiti

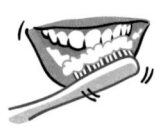

مسواک زدن

prati zube

کشتن

ubiti

سیگار کشیدن

pušiti

فرستادن

poslati

خانواده
obitelj

مادربزرگ
baka
پدربزرگ
djed
پدر
otac
مادر
majka
کودک
beba
فرزند دختر
kćerka
فرزند پسر
sin

مهمان

gost

خاله، عمه

tetka

دایی، عمو

ujak, stric

برادر

brat

خواهر

sestra

بدن

tijelo

پیشانی
čelo
چشم
oko
شانه
rame
انگشت دست
prst
صورت
lice
چانه
brada
دست
ruka
ساق پا
noga
سینه
grudi
بازو
ruka

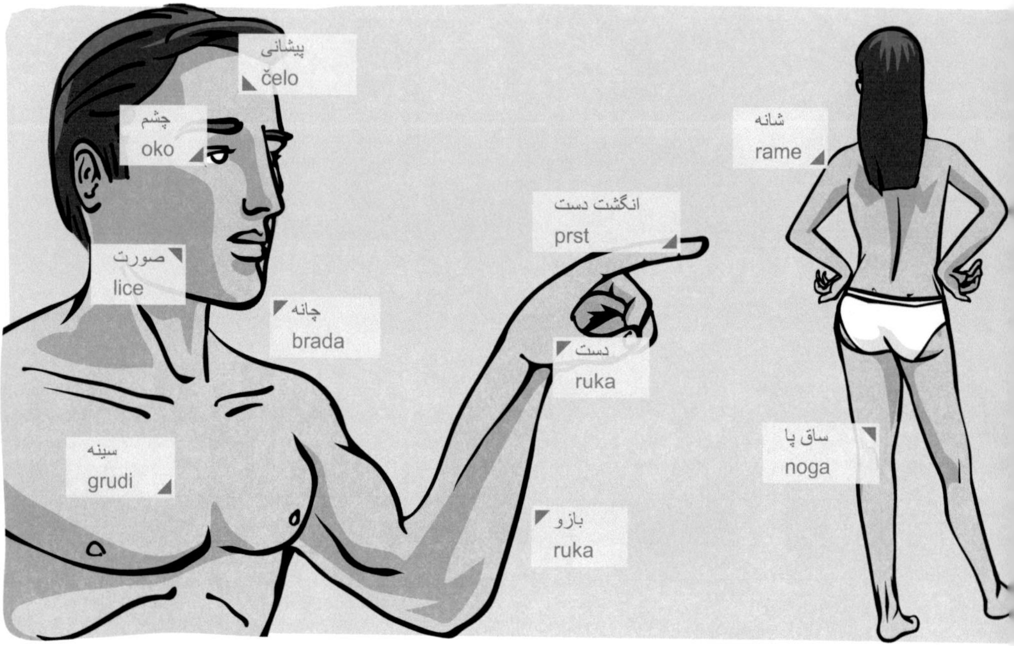

کودک
beba

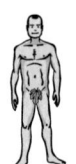

مرد
muškarac

زن
žena

دختربچه
djevojčica

پسربچه
dječak

کله
glava

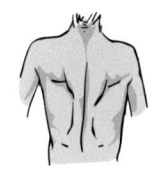

کمر

leđa

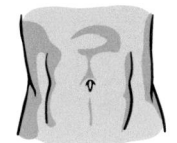

شکم

trbuh

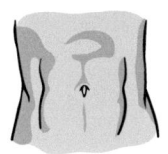

ناف

pupak

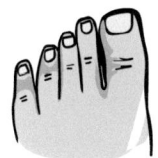

انگشت پا

nožni prst

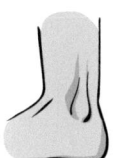

پاشنه

peta

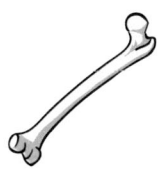

استخوان

kost

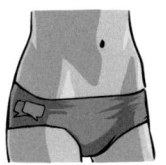

لگن

kuk

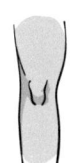

زانو

koljeno

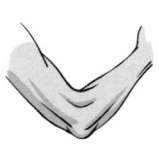

آرنج

lakat

بینی

nos

نشیمنگاه

stražnjica

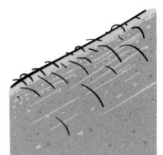

پوست

koža

گونه

obraz

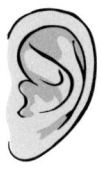

گوش

uho

لب

usna

دهان

usta

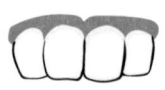

دندان

zub

زبان

jezik

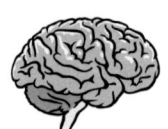

مغز

mozak

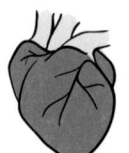

قلب

srce

عضله

mišić

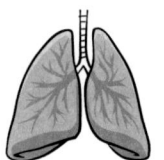

ريه

pluća

كبد

jetra

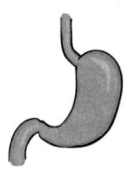

معده

želudac

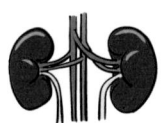

كليه

bubrezi

آميزش جنسى

snošaj

كاندوم

kondom

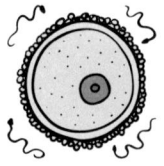

تخمک

jajna stanica

اسپرم

sperma

حاملگى

trudnoća

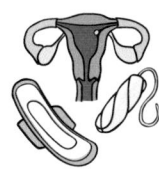

پریود

menstruacija

واژن

vagina

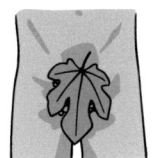

آلت تناسلی مرد

penis

ابرو

obrva

مو

kosa

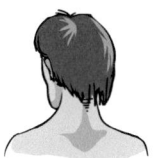

گردن

vrat

بیمارستان
bolnica

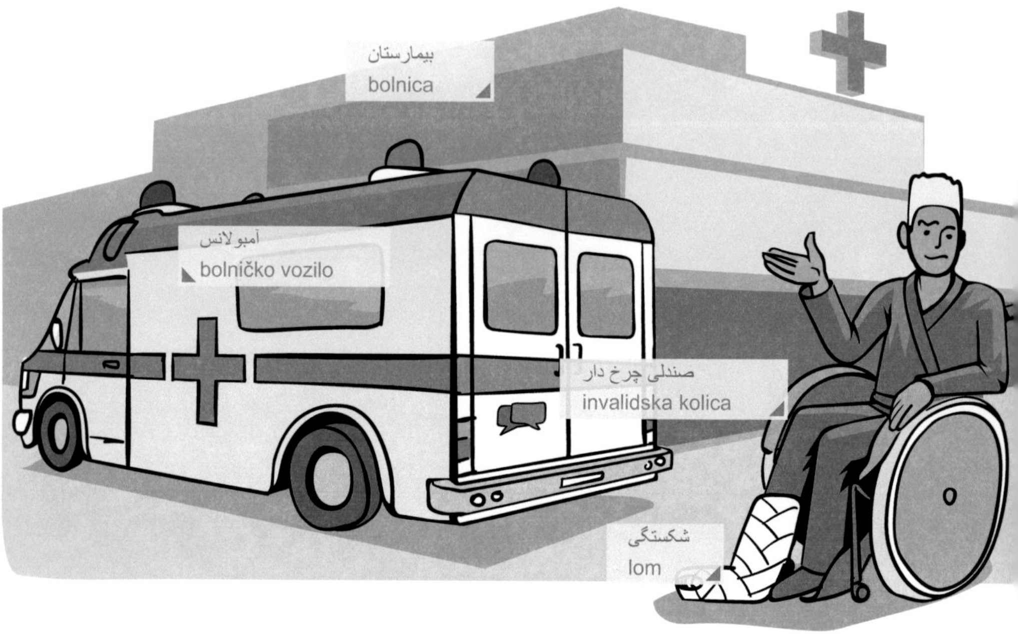

بیمارستان
bolnica

آمبولانس
bolničko vozilo

صندلی چرخ دار
invalidska kolica

شکستگی
lom

دکتر

liječnik

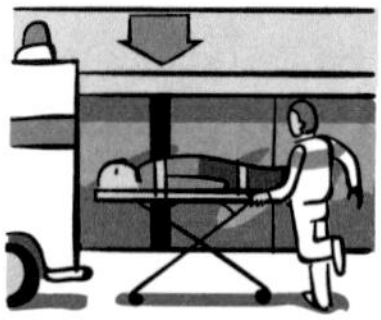

بخش اورژانس

hitna medicinska služba

پرستار

medicinska sestra

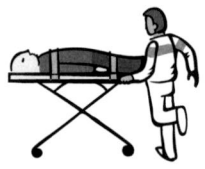

موقعیت اضطراری

hitni slučaj

بی هوش

nesvijest

درد

bol

مصدومیت

ozljeda

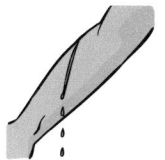

خونریزی

krvarenje

سکته قلبی

srćani infarkt

سکته مغزی

moždani udar

آلرژی

alergija

سرفه

kašalj

تب

groznica

آنفولانزا

gripa

اسهال

proljev

سردرد

glavobolja

سرطان

rak

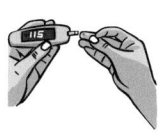

دیابت

dijabetes

جراح

kirurg

چاقوی جراحی

skalpel

عمل جراحی

operacija

سی تی اسکن
....
ct

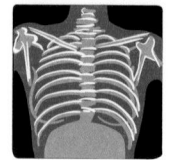

پرتونگاری
....
rentgen

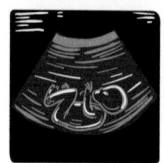

سونوگرافی
....
ultrazvuk

ماسک صورت
....
maska

بیماری
....
bolest

اتاق انتظار
....
čekaonica

چوب زیر بغل
....
štaka

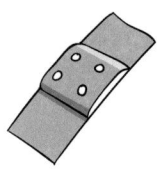

چسب زخم
....
flaster

پانسمان
....
zavoj

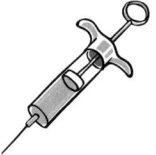

تزریق
....
injekcija

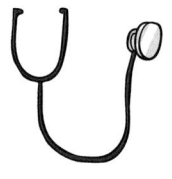

گوشی طبی
....
stetoskop

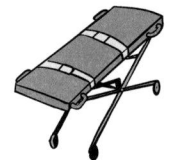

برانکار
....
nosilo

دماسنج
....
termometar

زایش
....
rođenje

اضافه وزن
....
prekomjerna težina

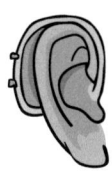

سمعک

slušni aparat

ماده ضد غفونی کننده

sredstvo za dezinfekciju

عفونت

infekcija

ویروس

virus

اچ آی وی / ایدز

hiv / sida

دارو

medicina

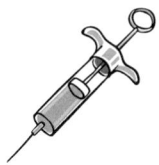

واکسیناسیون

vakcinacija

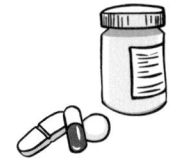

قرص

tablete

قرص ضد حاملگی

pilula

تماس اظطراری

poziv u pomoć

دستگاه اندازه گیری فشارخون

uređaj za mjerenje tlaka

مریض / سالم

bolesno / zdravo

موقعیت اضطراری

hitni slučaj

!کمک
pomoć!

آژیر خطر
alarm

حمله
nasrtaj

حمله ی فیزیکی
napad

خطر
opasnost

خروج اظطراری
izlaz za nuždu

آتش
požar!

کپسول آتش‌نشانی
vatrogasni aparat

تصادف
nezgoda

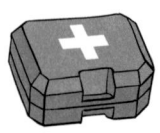

جعبه کمک های اولیه
kofer prve pomoći

درخواست کمک
sos

پلیس
policija

کره زمین
zemlja

اروپا

....

Europa

آمریکای شمالی

....

sjeverna amerika

آمریکای جنوبی

....

južna amerika

آفریقا

....

Afrika

آسیا

....

Azija

استرالیا

....

Australija

اقیا نوس اطلس

....

Atlantik

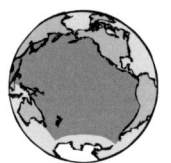

اقیانوس آرام

....

Pacifik

اقیانوس هند

....

ocean

اقیا نوس اطلس جنوبی

....

antarktički ocean

اقیانوس منجمد شمالی

....

arktički ocean

قطب شمال

....

sjeverni pol

قطب جنوب

južni pol

قاره قطب جنوب

Antarktik

کره زمین

zemlja

سرزمین

zemlja

دریا

more

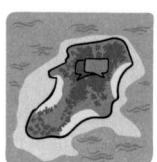

جزیره

otok

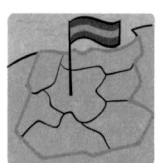

ملت

nacija

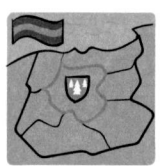

کشور

država

ساعت
sat

صفحه ی ساعت

brojčanik sata

ساعت شمار

satna kazaljka

دقیقه شمار

minutna kazaljka

ثانیه شمار

sekundna kazaljka

ساعت چند است؟

Koliko je sati?

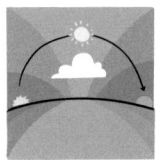

روز

dan

زمان

vrijeme

اکنون

sada

ساعت دیجیتال

digitalni sat

دقیقه

minuta

ساعت

sat

هفته

tjedan

دوشنبه
ponedjeljak
سه شنبه
utorak
چهارشنبه
srijeda
پنج شنبه
četvrtak
جمعه
petak
شنبه
subota
یک شنبه
nedjelja

دیروز

jučer

امروز

danas

فردا

sutra

صبح

jutro

ظهر

podne

غروب

večer

روزهای کاری

radni dani

آخر هفته

vikend

سال
godina

باران
kiša
رنگین کمان
duga
باد
vjetar
برف
snijeg
بهار
proljeće
تابستان
ljeto
پاییز
jesen
زمستان
zima

پیش‌بینی اوضاع جوی
meteorološka prognoza

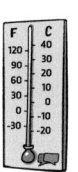

C

دماسنج
termometar

تابش آفتاب
sunčana svjetlost

ابر
oblak

مِه
magla

رطوبت هوا
vlažnost zraka

صاعقه

munja

آسمان غره

grmljavina

طوفان

oluja

تگرگ

tuča

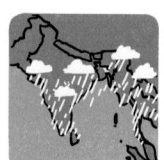

باد موسمی

monsun

سیل

poplava

یخ

led

ژانویه

siječanj

فوریه

veljača

مارس

ožujak

آوریل

travanj

مه

svibanj

ژوئن

lipanj

ژوئیه

srpanj

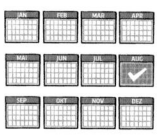

آگوست

kolovoz

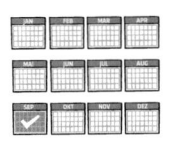

سپتامبر

rujan

اکتبر

listopad

نوامبر

studeni

دسامبر

prosinac

آشکال

oblici

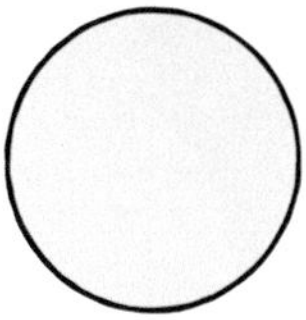

دایره

krug

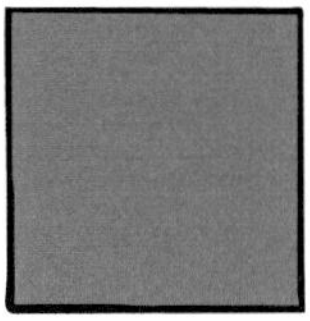

مربع

kvadrat

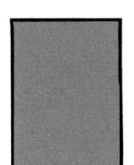

مستطیل

pravokutnik

سه گوش

trokut

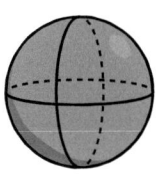

کره

kugla

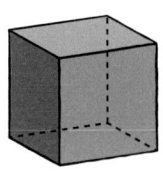

مکعب مربع

kocka

رنگ ها

boje

سفید

bijela

زرد

žuta

نارنجی

narančasta

صورتی

ružičasta

قرمز

crvena

بنفش

ljubičasta

آبی

plava

سبز

zelena

قهوه ای

smeđa

خاکستری

siva

سیاه

crna

متضاد ها

suprotnosti

خیلی / کم

mnogo / malo

خشمگین/ آرام

ljutito / mirno

زیبا / زشت

lijepo / ružno

شروع / پایان

početak / kraj

بزرگ / کوچک

veliko / maleno

روشن / تیره

svijetlo / tamno

برادر / خواهر

brat / sestra

تمیز / آلوده

čisto / prljavo

کامل / ناقص

potpuno / nepotpuno

روز / شب

dan / noć

مرده / زنده

mrtvo / živo

پهن / باریک

široko / usko

قابل خوردن / غیر قابل خوردن

jestivo / nejestivo

غضبناک / مهربان

zlo / dobro

هیجان زده / بی حوصله

uzbuđeno / dosadno

چاق / لاغر

debelo / mršavo

اولین / آخرین

na početku / na kraju

دوست / دشمن

prijatelj / neprijatelj

پر / خالی

puno / prazno

سفت / نرم

tvrdo / mekano

سنگین / سبک

teško / lagano

گرسنگی / تشنگی

glad / žeđ

مریض / سالم

bolesno / zdravo

غیرقانونی / قانونی

ilegalno / legalno

باهوش / خنگ

pametno / glupo

چپ / راست

lijevo / desno

نزدیک / دور

blizu / daleko

نو / استفاده شده

novo / rabljeno

هیچ چیز / چیزی

ništa / nešto

پیر / جوان

staro / mlado

روشن / خاموش

uključeno / isključeno

باز / بسته

otvoreno / zatvoreno

آهسته / بلند

tiho / glasno

ثروتمند / فقیر

bogato / siromašno

درست / غلط

točno / pogrešno

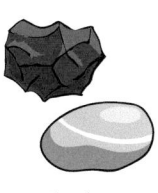

زبر / صاف

hrapavo / glatko

غمگین / خوشحال

tužno / sretno

کوتاه / بلند

kratko / dugo

کند / تند

polako / brzo

تَر / خشک

mokro / suho

گرم / خنک

toplo / hladno

جنگ / صلح

rat / mir

0

صفر

nula

1

یک

jedan

2

دو

dva

3

سه

tri

4

چهار

četiri

5

پنج

pet

6

شش

šest

7

هفت

sedam

8

هشت

osam

9

نه

devet

10

دَه

deset

11

یازده

jedanaest

12

دوازده

dvanaest

13

سیزده

trinaest

14

چهارده

četrnaest

15

پانزده

petnaest

16

شانزده

šestnaest

17

هفده

sedamnaest

18

هجده

osamnaest

19

نوزده

devetnaest

20

بیست

dvadeset

100

صد

stotinu

1.000

هزار

tisuću

1.000.000

میلیون

milijun

زبان ها
jezici

انگلیسی
....
engleski

انگلیسی آمریکایی
....
američko engleski

چینی ماندارین
....
kinesko mandarinski

هندی
....
hindi

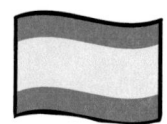

اسپانیایی
....
španjolski

فرانسوی
....
francuski

عربی
....
arapski

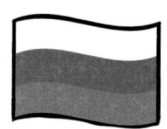

روسی
....
ruski

پرتغالی
....
portugalski

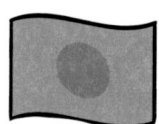

بنگالی
....
bengalski

آلمانی
....
njemački

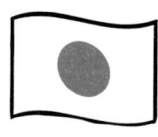

ژاپنی
....
japanski

چه کسی / چه چیزی / چگونه
tko / što / kako

من

ja

تو

ti

او

on / ona / ono

ما

mi

شما

vi

آنها

oni

چه کسی؟ کی؟

tko?

چی؟

što?

چگونه؟

kako?

کجا؟

gdje?

کِی؟

kada?

نام

ime

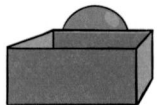

کجا

gdje

پشت

iza

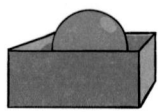

توی

u

جلو

ispred

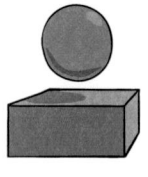

بالای

preko

روی

na

زیر

ispod

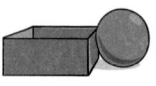

مجاور

pored

بین

između

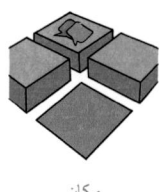

مکان

mjesto